2024

中国奶业质量报告

中国奶业协会
农业农村部奶及奶制品质量检验测试中心（北京） 编

中国农业科学技术出版社

图书在版编目（CIP）数据

中国奶业质量报告.2024/中国奶业协会，农业农村部奶及奶制品质量检验测试中心（北京）编.--北京：中国农业科学技术出版社，2024.6
ISBN 978-7-5116-6844-8

Ⅰ.①中… Ⅱ.①中…②农… Ⅲ.①乳品工业－质量管理－研究报告－中国－2024 Ⅳ.①F426.82

中国国家版本馆CIP数据核字（2024）第108812号

责任编辑 金 迪
责任校对 李向荣
责任印制 姜义伟 王思文

出 版 者	中国农业科学技术出版社
	北京市中关村南大街12号　邮编：100081
电　　话	（010）82106625（编辑室）　（010）82106624（发行部）
	（010）82109709（读者服务部）
网　　址	https://castp.caas.cn
经 销 者	各地新华书店
印 刷 者	北京地大彩印有限公司
开　　本	210 mm×285 mm　1/16
印　　张	3
字　　数	44千字
版　　次	2024年6月第1版　2024年6月第1次印刷
定　　价	98.00元

◁◁◁ 版权所有·侵权必究 ▷▷▷

中国奶业质量报告（2024）

编 委 会

主　　任：黄保续

副主任：辛国昌　刘亚清　张军民

委　　员：卫　琳　张智山　李胜利　王加启　郑　楠

编写人员

主　　编：刘亚清　王加启

副主编：卫　琳　郑　楠　陈绍祜　刘慧敏　郭利亚

编　　者：李竞前　闫青霞　王斐然　赵志壮　黄萌萌
　　　　　　王　晶　詹腾飞　郝欣雨　曹　正　刘苏捷

前　言

奶业是现代农业和食品工业的重要组成部分，是健康中国、强壮民族不可或缺的产业，是食品安全的代表性产业，是农业现代化的标志性产业和一二三产业协调发展的战略性产业。

党中央、国务院高度重视奶业发展和乳品质量安全，习近平总书记多次作出重要指示批示。2024年中央一号文件要求"完善液态奶标准，规范复原乳标识，促进鲜奶消费"。《农业农村部关于落实中共中央　国务院关于学习运用"千村示范、万村整治"工程经验有力有效推进乡村全面振兴工作部署的实施意见》中明确提出，实施奶业生产能力提升整县推进项目，推动完善液态奶标准、规范复原乳标识。

2023年，我国奶业生产能力继续提高，产业综合素质持续增强，质量安全水平高位再提升。全年奶类产量4 281.3万吨、乳制品产量3 054.6万吨，同比分别增长6.3%、3.1%；荷斯坦奶牛年均单产9.4吨，生鲜乳、乳制品抽检合格率分别达到100%、99.87%，乳脂肪、乳蛋白和菌落总数的抽检平均值分别为3.91 g/100 g、3.28 g/100 g和11.0万CFU/mL，均优于《食品安全国家标准　生乳》（GB 19301—2010）要求水平。体细胞数抽检平均值为16.3万个/mL，优于欧盟标准要求。三聚氰胺等违禁添加物抽检合格率连续多年保持100%。

2024年是中华人民共和国成立75周年，是实现"十四五"规划目标任务的关键一年。我国奶业发展要对标对表全面振兴，促进乳品消费，巩固提升奶源供给保障能力，进一步提高国产乳品质量、效益和竞争力，持续推动奶业高质量发展。

《中国奶业质量报告（2024）》通过发布权威数据，分析奶业新形势、新动向，客观展示我国奶业振兴发展成效，增强广大消费者对国产乳制品的消费信心。

本报告得到了农业农村部、工业和信息化部、商务部、国家卫生健康委员会、海关总署、国家市场监督管理总局等有关部门，以及中国农业科学院、全国畜牧总站、国家奶牛产业技术体系的大力支持，在此一并表示诚挚的谢意！

中国奶业协会

农业农村部奶及奶制品质量检验测试中心（北京）

2024年6月

目 录

一、中国奶业质量安全概要 1

    （一）乳品产量稳步提升 2

    （二）奶业产业素质加快提升 2

    （三）乳品质量持续提升 2

二、中国奶业生产与消费 4

    （一）奶牛养殖 5

    （二）乳制品加工 7

    （三）乳制品及相关产品进出口 9

    （四）乳制品消费 11

三、中国乳品质量安全 13

    （一）奶牛养殖卫生安全 14

    （二）生鲜乳质量安全 14

    （三）乳制品质量安全 21

四、中国奶业质量安全监管 27

    （一）完善乳品法规标准 28

    （二）保障乳品质量安全 28

    （三）全过程严格监管婴幼儿配方乳粉 28

    （四）不断提高奶牛养殖竞争力 29

    （五）推动乳制品加工做优做强 29

    （六）提升奶业消费宣传 30

五、2024 年中国奶业质量安全工作重点 32

    （一）加强优质奶源基地建设 33

    （二）严格乳品质量安全监管 33

    （三）推动乳制品加工业发展 33

    （四）加强婴幼儿配方乳粉监管 34

（五）加强奶业宣传引导	34

附录　相关标准释义　37

婴儿配方食品的定义	38
较大婴儿配方食品的定义	38
幼儿配方食品的定义	38
乳粉的定义	39
调制乳粉的定义	39

一、中国奶业质量安全概要

2023年，我国奶业发展形势稳步向好，生产继续增长，规模化养殖比例进一步提升，技术创新稳步加快，产业素质持续提升，乳品质量长期保持较高水平，国产品牌美誉度和国际竞争力逐步增强。

（一）乳品产量稳步提升

2023年，中国奶类产量4 281.3万吨，同比增长6.3%；规模以上乳制品加工企业乳制品产量3 054.6万吨，同比增长3.1%。

（二）奶业产业素质加快提升

2023年，中国奶业转型升级步伐进一步加快，存栏百头以上规模化养殖比例达76%。奶牛单产9.4吨，同比增长0.2吨。

（三）乳品质量持续提升

2023年，中国乳制品抽检合格率保持在较高水平，继续位居食品、农产品前列。2023年，累计抽检生鲜乳样品8 710批次，现场检查奶站4 737个（次）、运输车3 973辆（次）。全年生鲜乳抽检合格率100%，三聚氰胺等违禁添加物连续15年未检出。乳制品总体抽检合格率99.87%，婴幼儿配方乳粉抽检合格率99.93%。严格进口乳制品监管，未准入境乳制品29批次，已全部按要求退货或销毁。生鲜乳、乳制品抽检合格率在食品行业中长期保持前列。

专栏一

凝心聚力　推进奶业高质量发展

2023年7月20日，第十四届中国奶业大会暨2023中国奶业20强峰会在重庆召开。农业农村部副部长马有祥出席开幕式并讲话。

会议指出，各地区各部门按照党中央国务院决策部署，强政策、严监管、练内功，奶业振兴取得重大阶段性成效。原奶产量创历史新高，乳品质量达到历史最好，民族品牌重获国人信任。

会议强调，当前我国奶业总体仍处于转型升级的关键期，面对新形势、新挑战，要坚持走生产标准化、产品优质化、供给多元化、产业一体化的高质量发展道路。要加强奶源基地建设，育强奶牛良种、种植优质饲草、发展规模养殖，夯实产业发展根基。要坚持产管并重、企业为主、部门联动，捍卫乳品质量的底线。要顺应国内市场消费需要，开拓干乳制品市场，拓展乳品供给的新格局。要探索建立产能调控机制稳市场、健全企农利益联结机制稳收益，营造健康发展的生态圈。

二、中国奶业生产与消费

（一）奶牛养殖

1. 奶类产量

2023年，中国奶类产量4 281.3万吨，同比增长6.3%（图2-1）。其中，牛奶产量4 196.7万吨，同比增长6.7%；羊奶等其他奶类产量84.6万吨，同比减少10.7%。奶类产量排名世界第4位，占全球总产量的5.9%。

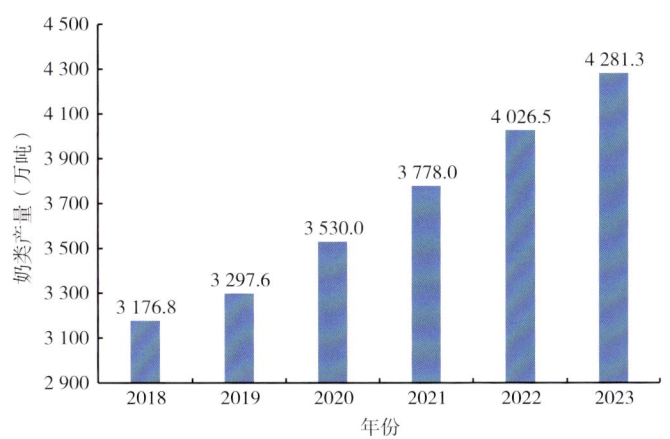

图 2-1　2018—2023 年中国奶类产量

（数据来源：国家统计局）

2. 规模养殖水平

2023年，中国奶牛场（户）均存栏奶牛417头，同比增加121头，增幅40.9%，规模养殖进程进一步加快。100头以上规模化养殖比例为76.0%，同比提高4.0个百分点（图2-2）。

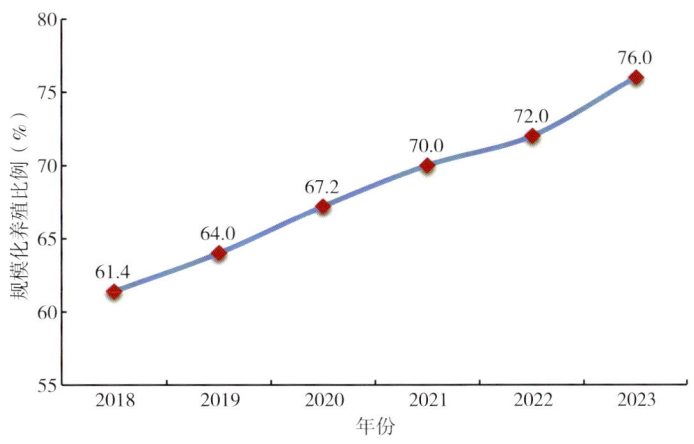

图 2-2　2018—2023 年中国奶牛100头以上规模化养殖比例变化

（数据来源：农业农村部）

3. 奶牛单产水平

2023年，全国荷斯坦奶牛平均单产9.4吨，同比增长0.2吨。其中，规模牧场奶牛单产水平普遍达到10吨以上。1 339个百头以上规模牧场奶牛生产性能测定数据显示，奶牛日均产奶量35.3 kg，305天产奶量达到10.6吨（表2-1）。

表2-1　2018—2023年规模牧场奶牛平均单产

年度	参测牛只（万头）	日产奶量（kg/天）
2018	123.8	30.0
2019	127.5	31.2
2020	129.5	32.4
2021	147.9	33.2
2022	162.9	34.0
2023	194.5	35.3

数据来源：中国奶业协会。

4. 生鲜乳价格

2023年，河北、山西、内蒙古、辽宁、黑龙江、山东、河南、陕西、宁夏、新疆等10个奶业主产省（区）年均生鲜乳收购价3.84元/kg，同比下降7.7%（图2-3）。

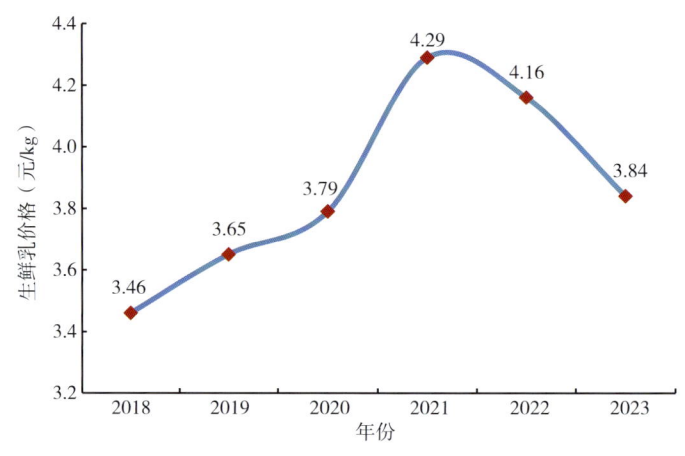

图2-3　2018—2023年奶业主产省区生鲜乳平均价格趋势
（数据来源：农业农村部）

（二）乳制品加工

1. 乳制品产量

2023年，中国规模以上乳制品加工企业（年主营业务收入2 000万元以上，下同）乳制品产量达到3 054.6万吨，同比增长3.1%。其中，液态奶产量2 860.4万吨，同比增长2.79%；194.2万吨干乳制品中，乳粉产量87.2万吨，同比减少1.38%（图2-4）。

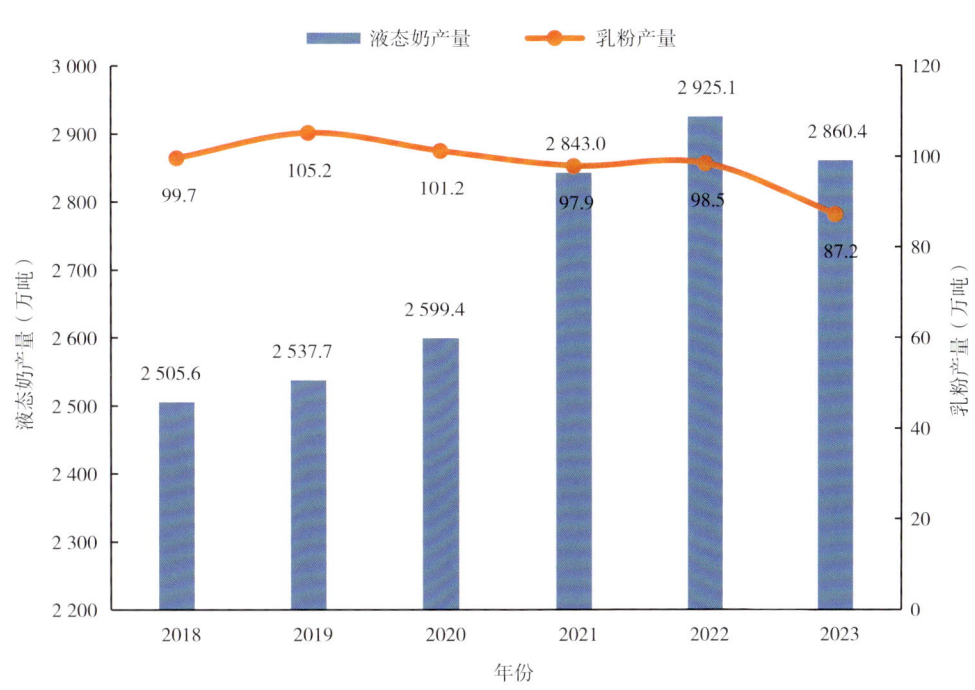

图2-4　2018—2023年中国乳制品产量变化

（数据来源：国家统计局）

2. 乳制品加工业集中度

2023年，中国规模化以上乳制品加工企业654家，同比增加32家。

3. 乳制品价格

2023年，中国牛奶平均零售价12.52元/L，同比下降3.5%；酸奶平均零售价16.22元/kg，同比下降1.8%；国产品牌婴幼儿配方乳粉平均零售价222.30元/kg，同比上涨1.4%（图2-5）。

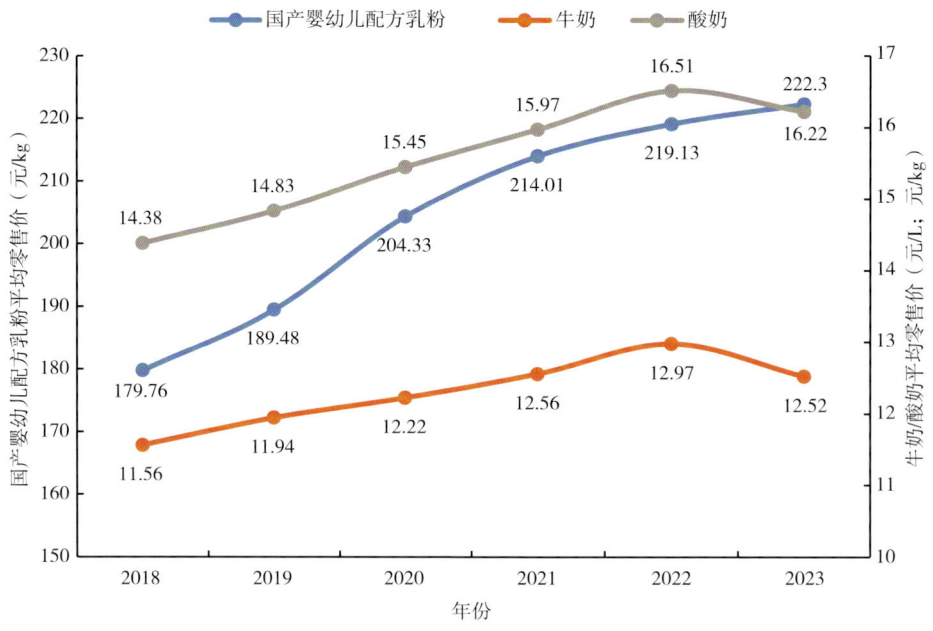

图 2-5 2018—2023 年国产乳制品平均零售价格

（数据来源：商务部）

4. 乳制品销售额及利润

2023 年，中国规模以上乳制品制造企业主营业务收入 4 620.9 亿元，同比增加 2.57%；总利润 394.4 亿元，同比增加 12.21%（图 2-6）。

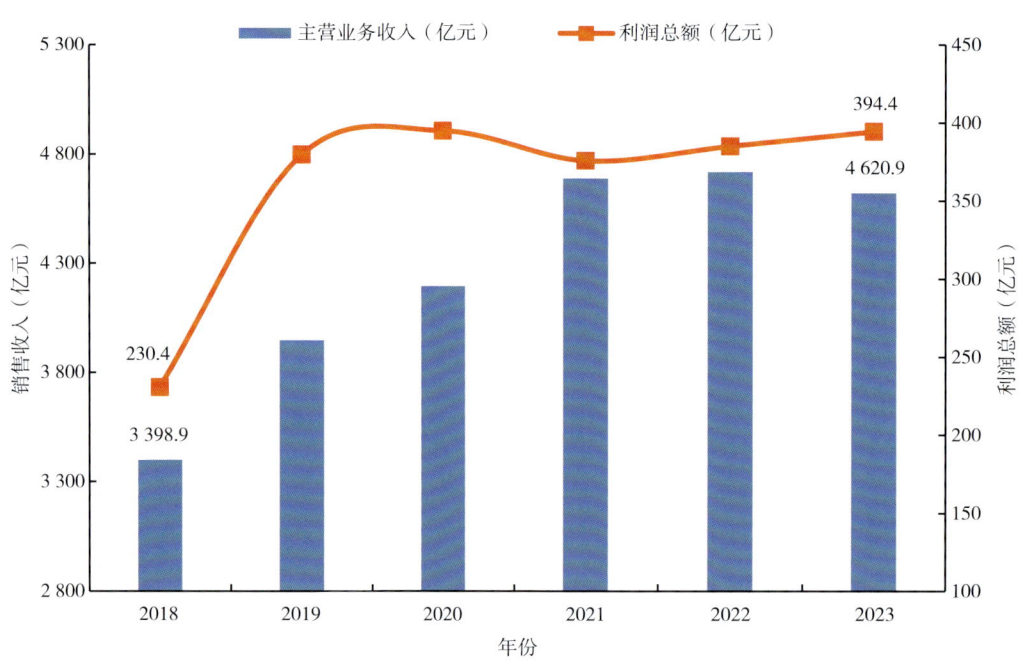

图 2-6 2018—2023 年中国乳制品加工企业主营业务收入及利润情况

（数据来源：国家统计局）

（三）乳制品及相关产品进出口

1. 乳制品进口

2023年，中国乳制品进口量289.62万吨，同比减少12.0%（图2-7），折合生鲜乳1 732万吨，同比减少10.4%。其中，干乳制品进口206.10万吨，同比减少10.1%；液态奶进口83.51万吨，同比减少16.6%。总进口额123.93亿美元，同比减少12.8%。其中，干乳制品进口额107.54亿美元，同比减少14.3%、液态奶进口额16.39亿美元同比减少2.2%。

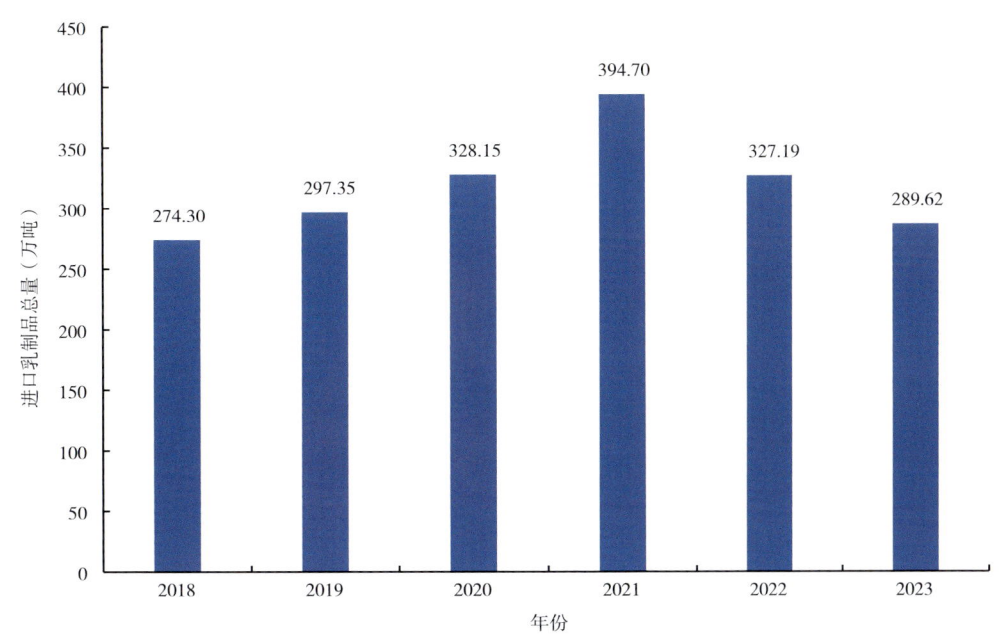

图2-7 2018—2023年中国进口乳制品数量

从进口来源国看，2023年乳制品进口量前六位的国家依次是新西兰、美国、德国、澳大利亚、荷兰、法国，进口量分别是118.40万吨、35.39万吨、31.45万吨、19.23万吨、18.86万吨、14.21万吨分别占总进口量的40.9%、12.2%、10.9%、6.6%、6.5%、4.9%。其他国家共52.06万吨，占18.0%（图2-8）。

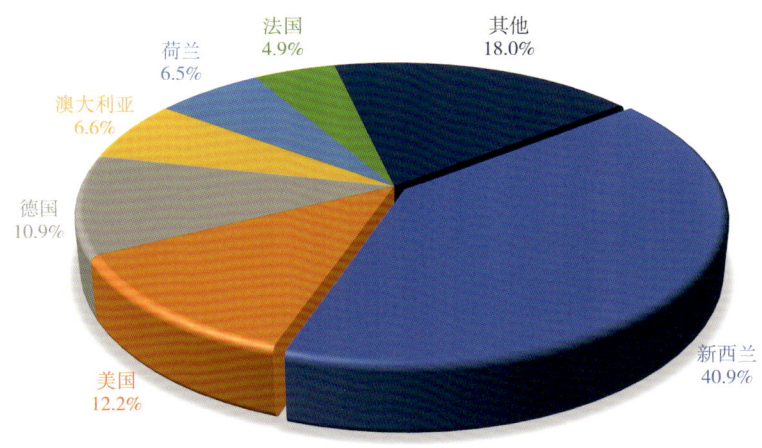

图 2-8　2023 年中国进口乳制品来源国

2. 奶牛和苜蓿进口

2023 年，中国进口种用奶牛数量较上年有大幅下降。据农业农村部统计，全年共审批种用奶牛进口 3.57 万头，同比减少 68.4%。

2023 年，进口苜蓿干草 99.95 万吨，同比下降 44.1%（图 2-9）；平均进口价格 510.9 美元 / 吨，同比下降 1.3%。苜蓿干草进口主要来源于美国，占总进口量的 89.9%；其次为南非和西班牙，分别占总进口量的 4.4% 和 3.1%。

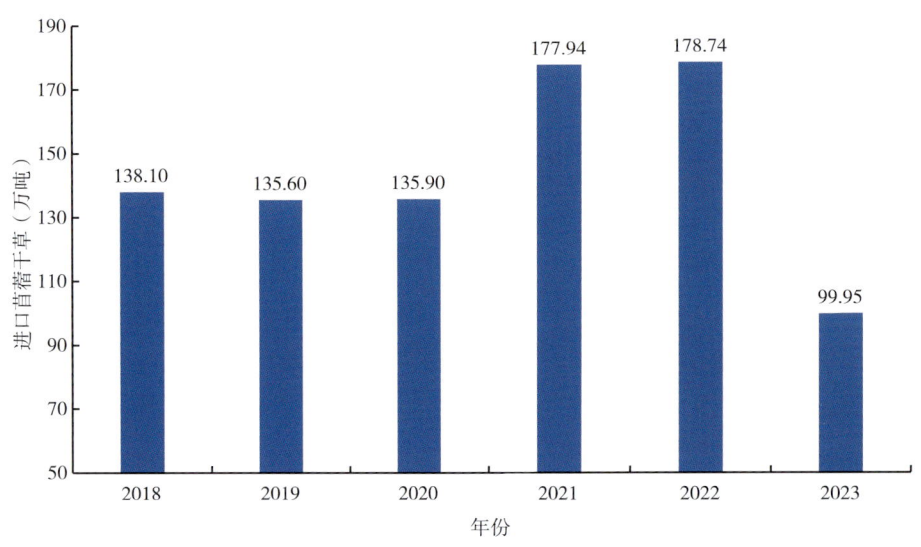

图 2-9　2018—2023 年中国进口苜蓿干草数量

（数据来源：海关总署）

3. 乳制品出口

2023年，中国乳制品出口量5.78万吨，同比增加30.7%；其中，婴幼儿配方乳粉出口量0.61万吨，同比增加35.1%。乳制品出口额2.63亿美元，同比增加36.2%。

（四）乳制品消费

2023年，中国人均乳制品消费量折合生鲜乳为42.4 kg，约为世界平均水平的1/3。消费结构以液态奶为主，近年来奶酪消费快速增加，2022年人均奶酪消费量0.3 kg，但仍显著低于美国人均17.9 kg和欧盟人均20.0 kg的常年水平。

专栏二

扎实开展培训　严守生鲜乳质量安全底线

2023年5月5—6日，全国生鲜乳质量安全监管培训班暨奶业振兴工作会在内蒙古赤峰召开。

会议指出，在各地各部门的协同推进下，奶业振兴取得了明显成效，2022年奶类产量突破4 000万吨大关，奶牛规模养殖成为主流，生鲜乳质量安全水平稳定向好，为下一阶段奶业振兴工作打下了坚实的基础。

会议强调，要贯彻落实好习近平总书记关于奶业发展的重要指示精神，扎实推进奶业振兴。立足当前，针对奶源阶段性过剩、养殖效益下滑等问题，要从生产、指导、技术、服务等方面协同发力，加强政策支持力度，引导适当降低产能增速，督促加工企业应收尽收，细化兜底保障措施，合力纾解奶业生产困难，防止亏损面进一步扩大。着眼长远，要坚持不懈稳质量、保供给，夯实奶源基地建设，严守质量安全底线，完善产业链利益联结机制，健全支持奶业健康发展的长效机制，扛稳奶业稳产保供工作的重任。

三、中国乳品质量安全

（一）奶牛养殖卫生安全

奶牛养殖环境和卫生条件是生鲜乳质量安全的基础保障。2023年，行业继续规范奶牛场选址与建设，提升奶牛场装备设施，保障饲草料供应，强化生鲜乳储运及生鲜乳收购站管理，不断改善奶牛养殖环境和卫生条件。

1. 奶牛场建设

2023年，100头以上的规模奶牛养殖场超过6 741个。规模奶牛养殖场严格按照《中华人民共和国畜牧法》等法律法规的规定，执行《奶牛标准化规模养殖生产技术示范》，加强动物防疫和生鲜乳质量安全管理，实现了标准化、规范化建设与生产。

2. 奶牛场设施装备

近年来，奶牛场的机械化、信息化、智能化装备和关键技术推广应用加快，质量安全保障能力进一步加强。自2017年起中国规模奶牛养殖场100%实现机械化挤奶，规模奶牛养殖场使用全混合日粮（TMR）搅拌车的比例达到99%。

3. 优质饲草料供应

苜蓿和青贮玉米是奶牛的主要粗饲料。2023年，中国优质苜蓿[①]种植面积超过827万亩（1亩≈667 m^2，全书同）。

4. 生鲜乳收购站和运输车

严格落实生鲜乳收购站发证六项规定，全面执行《生鲜乳收购站标准化管理技术规范》，生鲜乳收购站的基础设施、机械设备、质量检测、操作规范、管理制度和卫生条件显著提升。全面启用奶业监管平台，对全国4 200余个生鲜乳收购站和3 900余辆运输车进行系统化、信息化管理，保障生鲜乳质量安全。

（二）生鲜乳质量安全

生鲜乳质量安全指标中，乳脂肪、乳蛋白是反映牛奶营养品质的重要指

---

① 符合《苜蓿干草捆质量标准》（NY/T 1170—2006）的二级及以上标准的苜蓿。

标；非脂乳固体是生鲜乳中除脂肪和水分外营养物质的总称；杂质度是指生鲜乳中含有杂质的量，是衡量生鲜乳洁净度的重要指标；酸度是评价生鲜乳新鲜程度的指标；相对密度是反应生鲜乳是否掺水的重要指标。

生鲜乳卫生指标中，菌落总数是反映奶牛场卫生环境、挤奶操作环境、牛奶保存和运输状况的一项重要指标。生鲜乳中菌落总数过高，不仅会影响牛奶口感，还可能使乳制品中细菌数超标，从而对人体健康造成影响。体细胞数是衡量奶牛乳房健康状况和生鲜乳质量的一项重要指标。黄曲霉素 M_1 是反映生鲜乳卫生状况的主要指标；铅、铬、汞和砷是判断生鲜乳是否受到重金属污染的主要指标；三聚氰胺是判断生鲜乳中是否存在人为添加违禁物的指标。

2009 年以来，农业农村部持续实施生鲜乳质量安全监测计划，重点监测生鲜乳收购站和运输车，检测指标包括乳脂肪、乳蛋白、杂质度、酸度、相对密度、非脂乳固体、菌落总数、黄曲霉素 M_1、体细胞数、铅、铬、汞、砷和三聚氰胺等多项指标，累计抽检生鲜乳样品约 27.4 万批次，其中，2023 年抽检 8 710 余批次（图 3-1）。

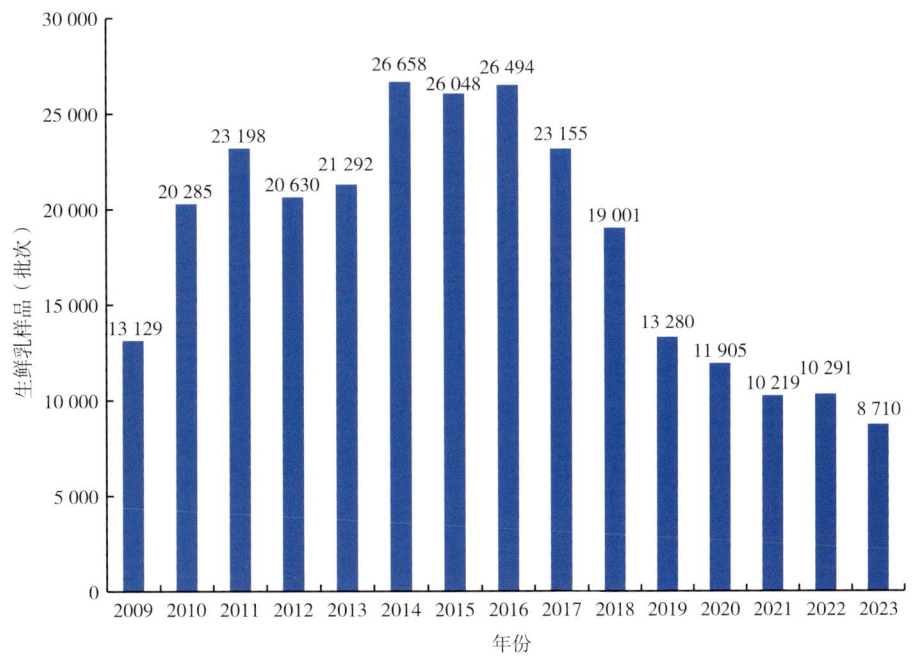

图 3-1 2009—2023 年抽检生鲜乳样品批次数

（数据来源：农业农村部）

1. 乳脂肪

乳脂肪是乳的主要成分之一，是反映牛奶营养品质的指标。乳脂肪含量国家标准为 ≥ 3.1 g/100 g。

2023 年，农业农村部对 266 批次生鲜乳样品进行监测，生鲜乳乳脂肪含量平均值为 3.91 g/100 g（图 3-2）。其中，规模化养殖场生鲜乳乳脂肪含量平均值为 3.94 g/100 g。

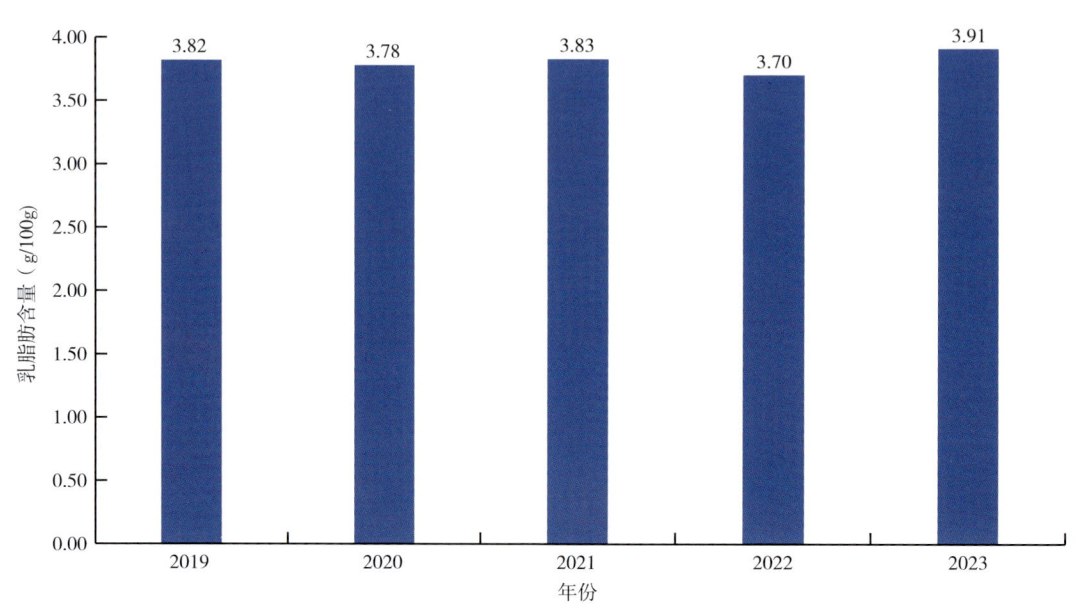

图 3-2　2019—2023 年全国生鲜乳乳脂肪含量平均值

（数据来源：农业农村部）

2. 乳蛋白

乳蛋白是乳的主要成分之一，是反映牛奶营养品质的指标，乳蛋白含量国家标准为 ≥ 2.8 g/100 g。

2023 年，农业农村部对 266 批次生鲜乳样品进行监测，乳蛋白含量平均值为 3.28 g/100 g（图 3-3）。其中，规模化养殖场生鲜乳乳蛋白含量平均值为 3.28 g/100 g。

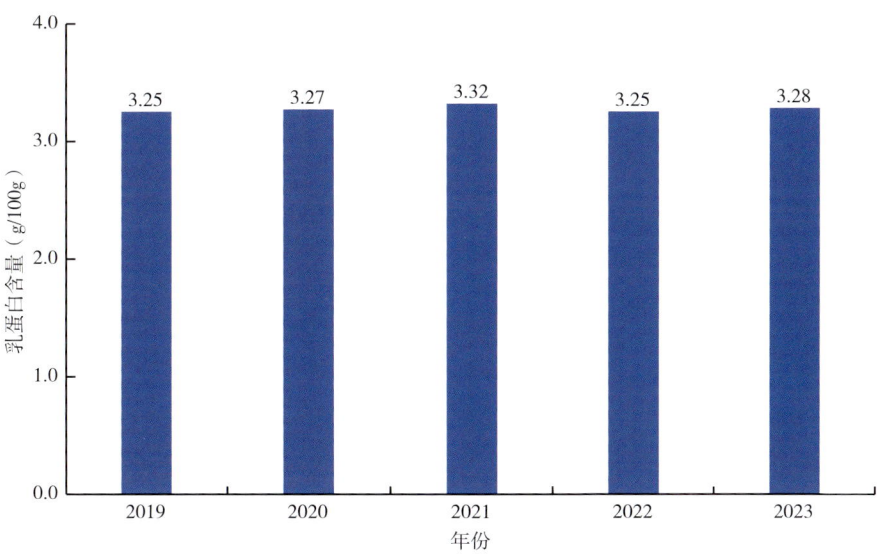

图 3-3 2019—2023 年全国生鲜乳乳蛋白含量平均值

(数据来源：农业农村部)

3. 非脂乳固体

非脂乳固体是生鲜乳中除脂肪和水分外营养物质的总称，非脂乳固体含量国家标准为 ≥ 8.1 g/100 g。

2023 年，农业农村部对 266 批次生鲜乳样品进行监测，生鲜乳非脂乳固体含量平均值为 8.8 g/100 g（图 3-4）。

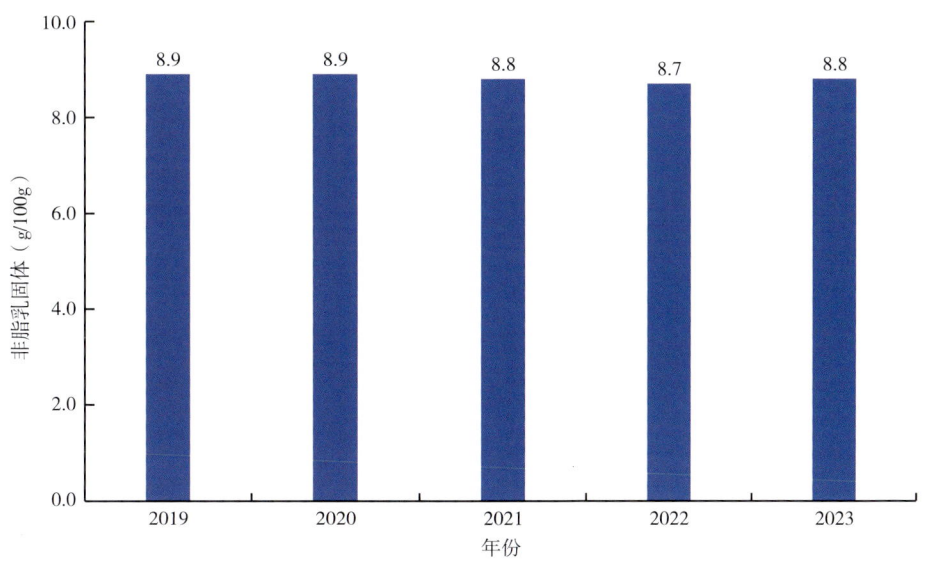

图 3-4 2019—2023 年全国生鲜乳非脂乳固体含量平均值

(数据来源：农业农村部)

4. 杂质度

杂质度是指生鲜乳中含有杂质的量，是衡量生鲜乳洁净度的重要指标，国家标准为≤ 4.0 mg/kg。

2023年，农业农村部对266批次生鲜乳样品进行监测，杂质度均符合国家标准，全年抽检合格率为100%。

5. 酸度

酸度是评价生鲜乳新鲜程度的指标。国家标准规定，生鲜乳酸度范围为12°T ~ 18°T。

2023年，农业农村部对266批次生鲜乳样品进行监测，酸度平均值为13.6°T，符合国家标准，全年抽检合格率为100%。

6. 相对密度

相对密度是反映生鲜乳是否掺水的重要指标，国家标准为≥ 1.027。

2023年，农业农村部对266批次生鲜乳样品进行监测，生鲜乳相对密度平均值为1.031（图3-5）。

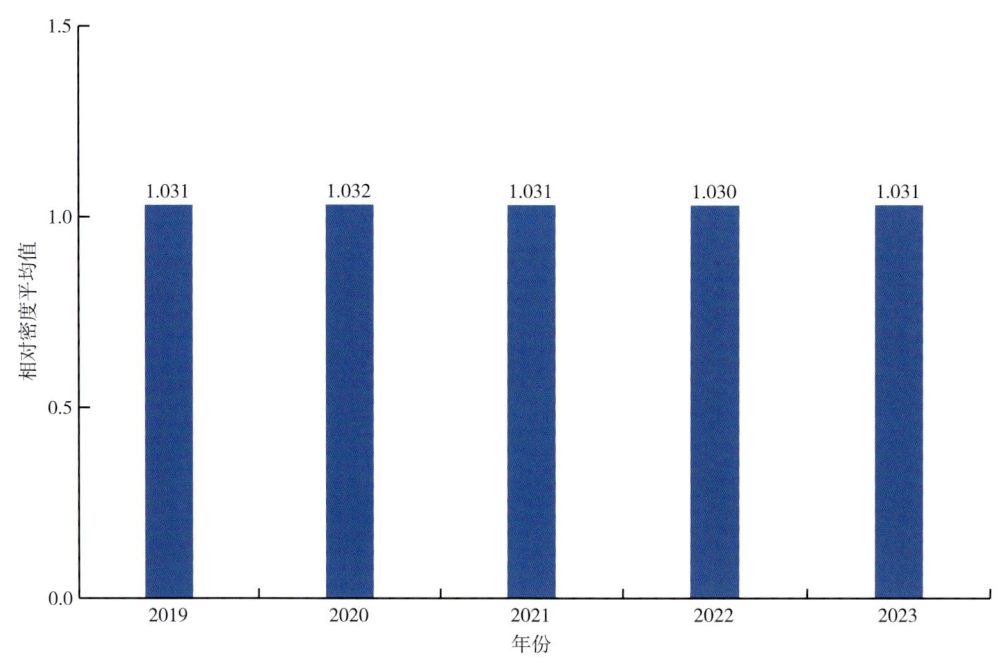

图3-5　2019—2023年全国生鲜乳相对密度平均值

（数据来源：农业农村部）

7. 菌落总数

菌落总数的国家标准为 ≤ 200 万 CFU/mL。

2023年，农业农村部对266批次生鲜乳样品进行监测，生鲜乳中菌落总数平均值为11.0万 CFU/mL，远低于国家限量要求。其中，规模化养殖场生鲜乳菌落总数平均值为2.8万 CFU/mL，低于全国平均水平（图3-6、图3-7），且优于新西兰（≤ 5万 CFU/mL）和美国（≤ 10万 CFU/mL）等奶业发达国家标准。

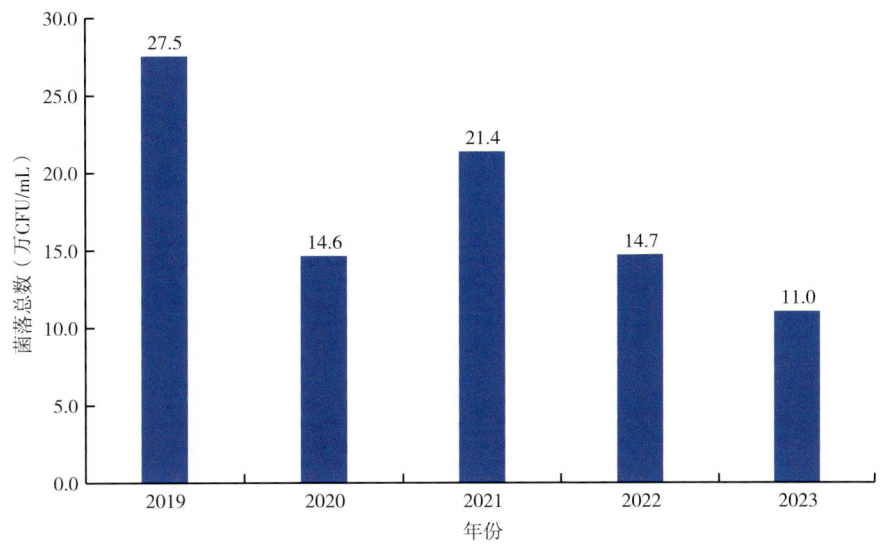

图3-6　2019—2023年全国生鲜乳菌落总数平均值

（数据来源：农业农村部）

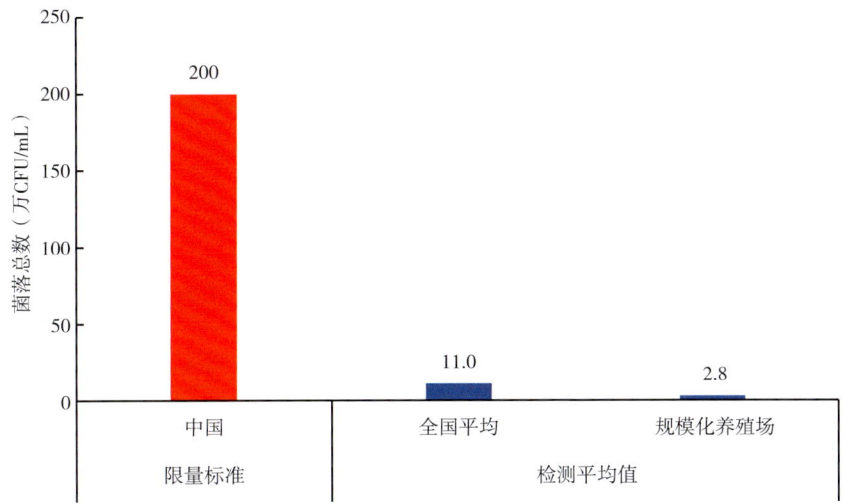

图3-7　2023年全国生鲜乳菌落总数结果与国家标准的比较

（数据来源：农业农村部）

8. 体细胞数

体细胞数是衡量奶牛乳房健康状况和生鲜乳质量的一项重要指标。体细胞数越高，生鲜乳中致病菌和抗生素残留的污染风险越大，对乳品质量的影响也越大。欧盟规定生鲜乳中体细胞数≤40万个/mL，美国规定生鲜乳中体细胞数≤75万个/mL（A级奶、B级奶），中国暂未规定。

2023年，农业农村部对266批次生鲜乳样品进行监测，生鲜乳中体细胞数平均值为16.3万个/mL，低于欧盟和美国标准（图3-8）。

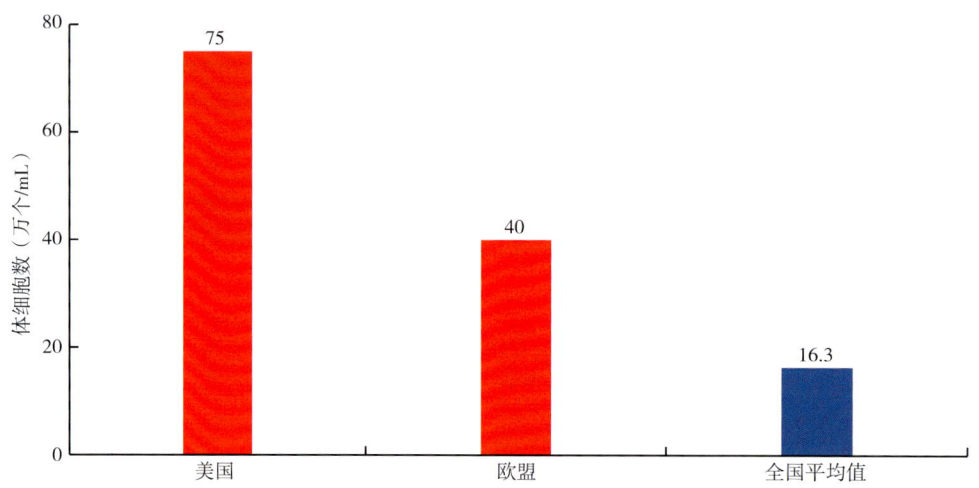

图3-8　2023年全国生鲜乳体细胞数结果与美国和欧盟标准的比较

（数据来源：农业农村部）

9. 黄曲霉素 M_1

生鲜乳中黄曲霉素 M_1 的国家标准为≤0.5 μg/kg。2023年，农业农村部共抽检8 434批次生鲜乳样品，生鲜乳中黄曲霉素 M_1 抽检合格率为100%。

10. 铅

生鲜乳中铅的国家标准为≤0.02 mg/kg。2023年，农业农村部共抽检2012批次生鲜乳样品，生鲜乳中铅的抽检合格率为100%。

11. 铬

生鲜乳中铬的国家标准为≤0.3 mg/kg。2023年，农业农村部共抽检2012批次生鲜乳样品，生鲜乳中铬的抽检合格率为100%。

12. 汞

生鲜乳中汞的国家标准为 ≤ 0.01 mg/kg。2023 年，农业农村部共抽检 2012 批次生鲜乳样品，生鲜乳中汞的抽检合格率为 100%。

13. 砷

生鲜乳中砷的国家标准为 ≤ 0.1 mg/kg。2023 年，农业农村部共抽检 2012 批次生鲜乳样品，生鲜乳中砷的抽检合格率为 100%。

14. 三聚氰胺

生鲜乳中三聚氰胺的国家标准为 ≤ 2.5 mg/kg。2023 年，农业农村部共抽检 2012 批次生鲜乳样品，三聚氰胺均未检出，抽检合格率为 100%。

（三）乳制品质量安全

1. 与国内其他食品比较

2023 年，国家市场监督管理总局完成国家食品安全监督抽检 699.74 万批次，发现不合格样品 19.09 万批次，监督抽检不合格率 2.73%。完成乳制品安全监督抽检 109 698 批次，检出不合格样品 146 批次，监督抽检不合格率 0.13%。其中婴幼儿配方乳粉抽检不合格率为 0.07%（表 3-1）。

表3-1 2023年乳制品与食品抽检不合格率比较

抽样	食品	乳制品	婴幼儿配方乳粉
不合格比例（%）	2.73	0.13	0.07

数据来源：国家市场监督管理总局。

2. 与进口乳制品比较

（1）安全指标检测结果比较

2015—2023 年，农业农村部奶及奶制品质量检验测试中心（北京）（以下简称奶制品中心）通过市场随机抽样的方式，对国内大中城市销售的 218 个国产品牌 3 551 批次和 123 个进口品牌 495 批次样品进行安全指标比较，检测指标包括黄曲霉素 M_1、农药残留、兽药残留和重金属等。

结果显示，国产奶与进口奶的黄曲霉素 M_1 未超过中国（≤ 0.50 μg/kg）、美国（≤ 0.50 μg/kg）及欧盟（≤ 0.05 μg/kg）的限量标准。国产奶与进口奶均未检出使用违禁兽药或兽药残留超限量标准的情况。国产奶与进口奶的重金属铅含量均符合中国限量标准。

（2）营养及质量指标检测结果比较

2021—2023 年，奶制品中心通过市场随机抽样的方式，共对 75 个国产品牌 1 432 批次和 50 个进口品牌 97 批次乳制品进行质量指标比较研究，检测指标包括乳铁蛋白、β – 乳球蛋白和糠氨酸等。

乳铁蛋白。乳铁蛋白是具有多种生物活性的蛋白质。研究结果表明，2021—2023 年，国产巴氏杀菌奶中乳铁蛋白含量平均值分别为 46.69 mg/L、41.87 mg/L、45.42 mg/L，显著高于进口巴氏杀菌奶（图 3-9）。

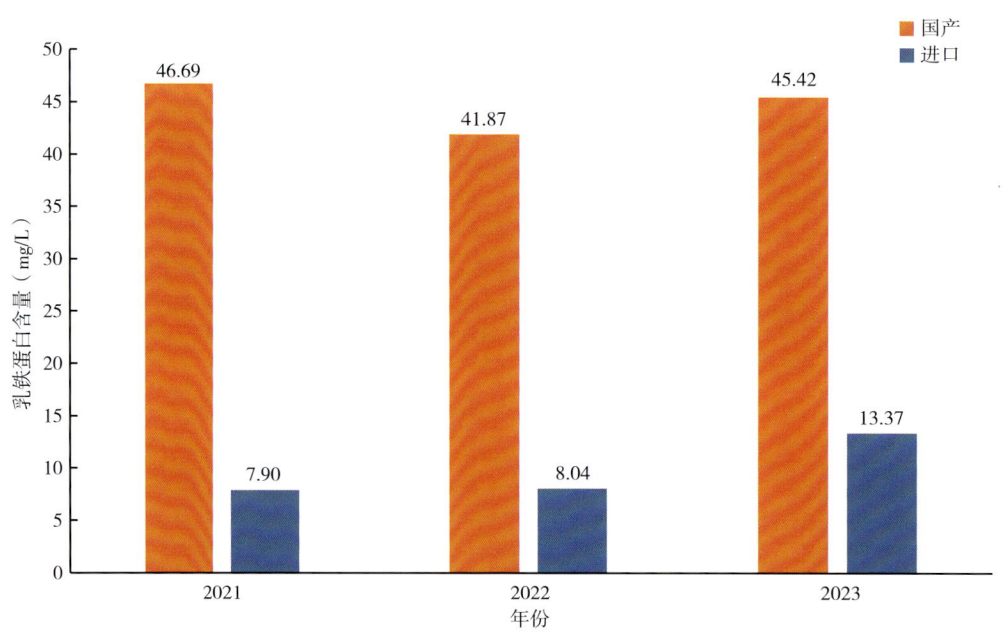

图 3-9　2021—2023 年国产与进口巴氏杀菌奶中乳铁蛋白含量比较

β – 乳球蛋白。β – 乳球蛋白是由乳腺上皮细胞合成的乳特有的蛋白质，是牛奶中的重要活性因子。研究结果表明，2021—2023 年，国产巴氏杀菌奶中 β – 乳球蛋白含量持续上升，平均值分别为 2 997.74 mg/L、3 305.26 mg/L、3 746.85 mg/L，显著高于进口巴氏杀菌奶；国产超高温灭菌奶（UHT 奶）中 β – 乳球蛋白含量持续上升，平均值分别为 170.14 mg/L、185.94 mg/L、245.13 mg/L，显著高于进口 UHT 奶（图 3-10、图 3-11）。

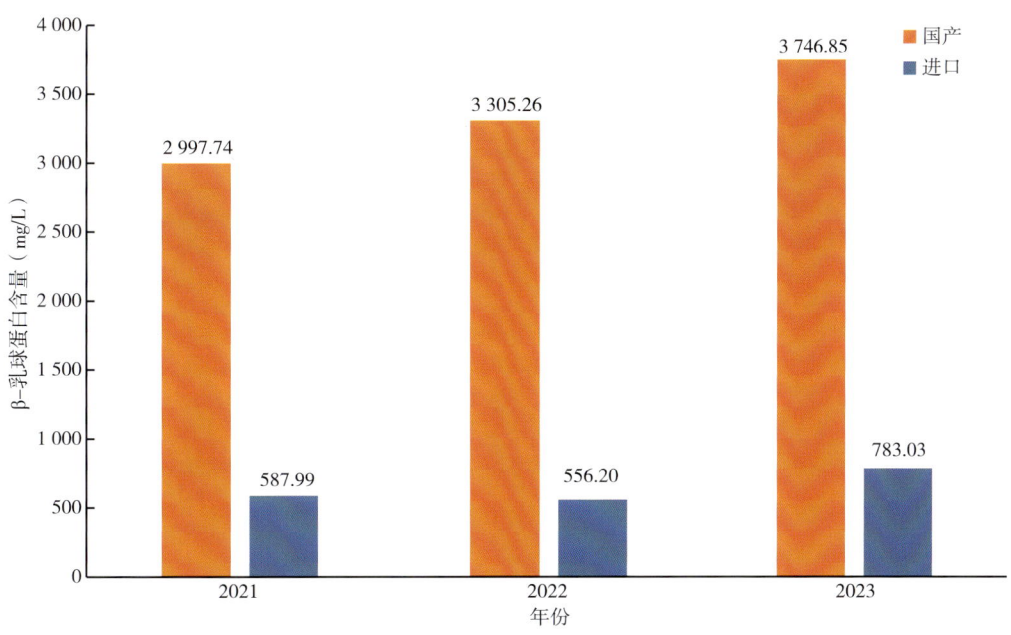

图 3-10　2021—2023 年国产与进口巴氏杀菌奶中 β-乳球蛋白含量比较

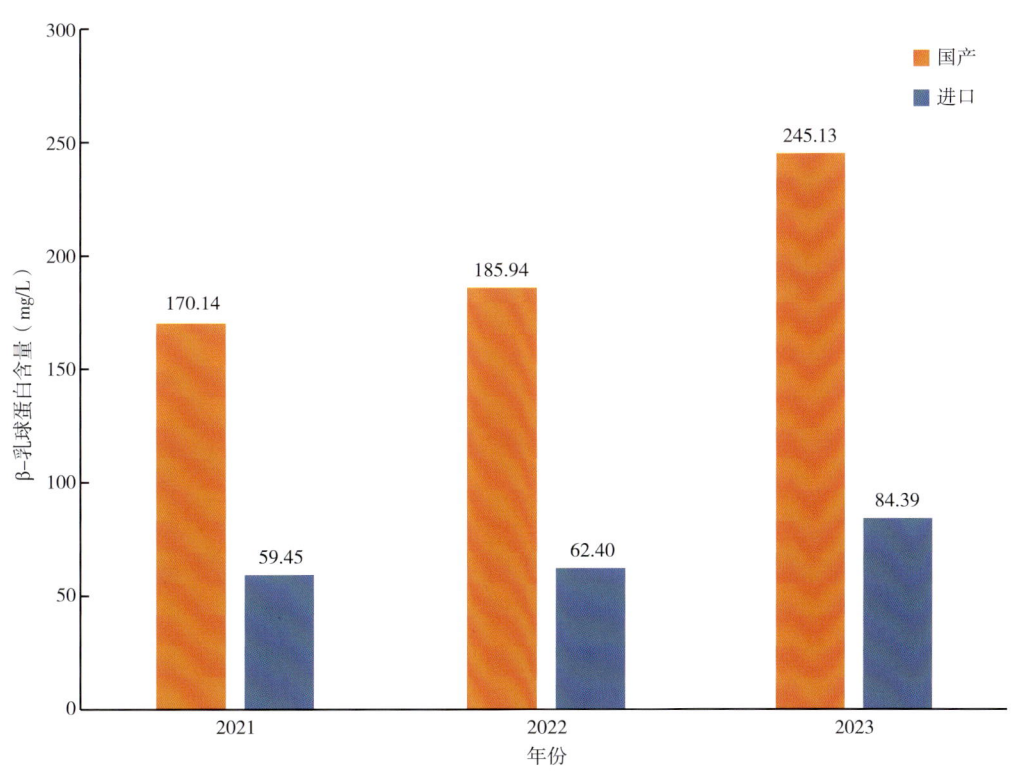

图 3-11　2021—2023 年国产与进口 UHT 奶中 β-乳球蛋白含量比较

糠氨酸。糠氨酸含量是反映牛奶热加工程度的一项敏感指标。糠氨酸含量过高，表明牛奶的受热程度高、保存时间长或者运输距离远。研究结果表明，2021—2023 年，国产巴氏杀菌奶中糠氨酸含量持续下降，平均值分别为 12.60 mg/100 g 蛋白质、12.31 mg/100 g 蛋白质、10.73 mg/100 g 蛋白质，显著低于进口巴氏杀菌奶；国产 UHT 奶中糠氨酸含量也处于下降趋势，平均值分别为 124.23 mg/100 g 蛋白质、122.51 mg/100 g 蛋白质、123.52 mg/100 g 蛋白质，低于进口 UHT 奶（图 3-12、图 3-13）。

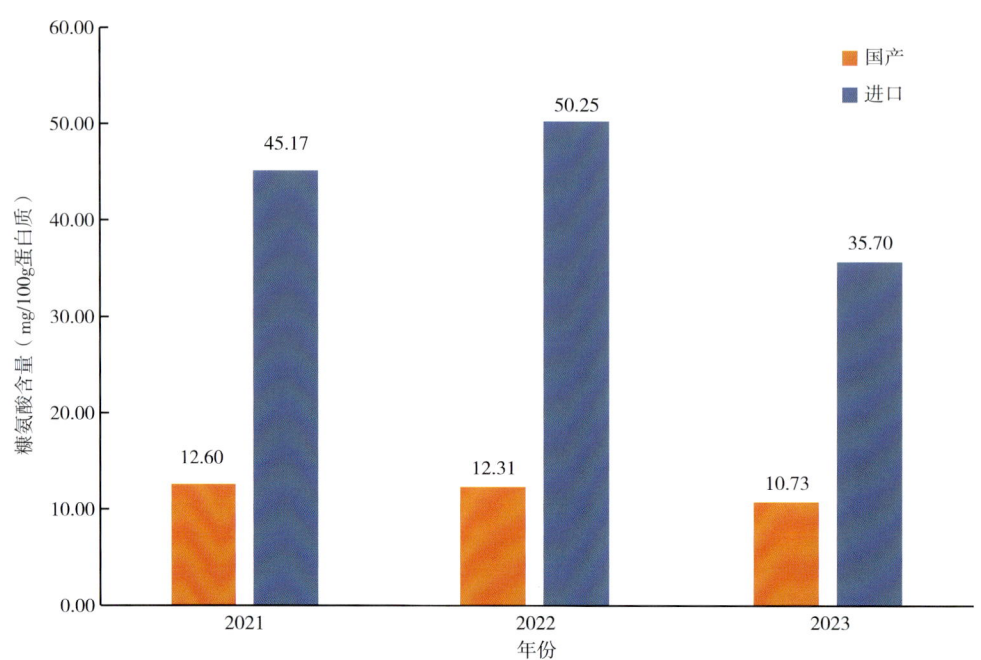

图 3-12　2021—2023 年国产与进口巴氏杀菌奶中糠氨酸含量比较

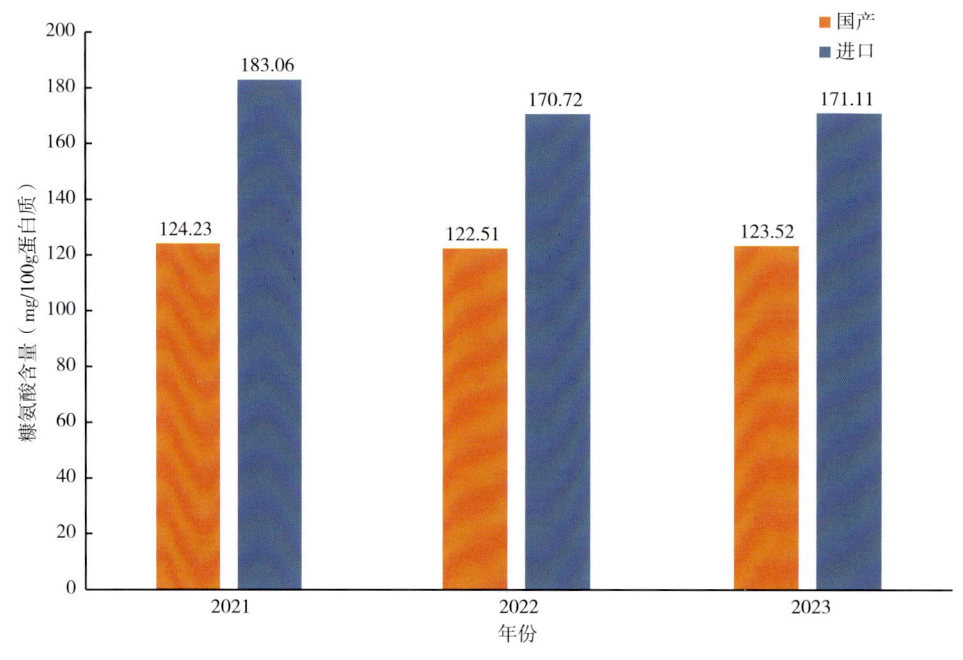

图 3-13　2021—2023 年国产与进口 UHT 奶中糠氨酸含量比较

3. 进口乳制品未准入境情况

2023年，全国各进境口岸从来自14个国家或地区的乳制品中检出未准入境产品共计29批。主要未准入境的原因为品质不合格、营养强化剂超标、证书不合格等。所有未准入境的乳制品均已在口岸退运或销毁（表3-2）。

表3-2 进口乳制品未准入境情况

项目	未准入境乳制品、国别及不合格批次
类型	干酪和再制干酪（4）、奶油（2）、乳清粉（2）、乳粉（9）、灭菌乳（3）、发酵乳（3）、乳基婴幼儿配方食品（2）、消毒乳（3）、其他乳及乳制品（1）
进口国家	大洋洲：新西兰（8）、澳大利亚（2） 欧　洲：意大利（4）、保加利亚（1）、罗马尼亚（1）、丹麦（2）、白俄罗斯（1）、希腊（1）、瑞典（1）、西班牙（2） 北美洲：美国（2） 亚　洲：新加坡（1）、哈萨克斯坦（1）、韩国（2）

数据来源：海关总署。

4. 结论

2023年监测结果表明，中国生鲜乳及奶产品质量安全风险可控，整体状况良好。

第一，生鲜乳中乳蛋白、乳脂肪等质量安全指标达到较高水平。监测结果表明，2019—2023年，生鲜乳的乳蛋白和乳脂肪平均水平高于生乳国家标准，生鲜乳质量安全水平大幅提升。

第二，生鲜乳中各项安全指标符合限量标准。菌落总数、杂质度、酸度等监测平均值均符合国标限量标准，体细胞数平均值符合欧盟限量标准，黄曲霉素 M_1、铅、铬、汞、砷等污染物指标合格率100%。中国奶牛养殖环境、奶牛健康状况良好，奶源优质安全。

第三，生鲜乳收购、运输行为规范。自婴幼儿配方乳粉事件以来，通过不断强化生鲜乳质量安全监管，有效遏制了违禁物添加等违法行为，生鲜乳中三聚氰胺等违禁添加物已连续多年未检出。

专栏三

加快标准修订 为奶业健康发展保驾护航

2023年12月11日，食品安全国家标准审评委员会秘书处就《食品安全国家标准 巴氏杀菌乳》《食品安全国家标准 高温杀菌乳》《食品安全国家标准 灭菌乳》三项食品安全国家标准（征求意见稿）公开征求意见（食标秘发〔2023〕10号）。

此次发布的《食品安全国家标准 巴氏杀菌乳》GB 19645（征求意见稿）主要变化包括：一是增加水牛乳、牦牛乳、骆驼乳、驴乳和马乳等特色奶畜要求；二是增加巴氏杀菌温度时间要求和加工方式等效评价要求；三是修改标签要求；四是调整部分理化指标和微生物限量要求。《食品安全国家标准 灭菌乳》（征求意见稿）主要变化包括：一是重点明确灭菌乳原料禁用复原乳；二是增加水牛乳、牦牛乳、骆驼乳、驴乳和马乳等特色奶畜要求；三是增加灭菌温度时间要求；四是修改标签要求以及调整部分理化指标。新制定的《食品安全国家标准 高温杀菌乳》（征求意见稿），详细规定了高温杀菌乳的技术指标、高温杀菌温度时间组合要求以及加工方式等效评价要求。三项国标的制修订，对于引导企业规范生产，提升液态奶质量，保障行业的健康稳定发展具有重要的意义。

四、中国奶业质量安全监管

2023年，有关部门全面落实国办奶业振兴意见和促进畜牧业高质量发展意见，按照农业农村部等九部门《关于进一步促进奶业振兴的若干意见》部署安排，协同推进奶业高质量发展各项重点工作。

（一）完善乳品法规标准

中国现行的奶业标准共有200多项，涵盖奶畜养殖、生鲜乳收购、乳制品加工、质量控制以及检测方法等多个环节和领域。近年来，随着乳品标准修订工作的持续推动，国内标准与国际通行标准的一致性逐步提高，为规范乳品生产和质量控制提供了依据。2023年，国家卫生健康委加快推进《食品安全国家标准　巴氏杀菌乳》《食品安全国家标准　高温杀菌乳》《食品安全国家标准　灭菌乳》三项食品安全国家标准制修订工作。

（二）保障乳品质量安全

一是连续15年实施生鲜乳质量安全监测计划，采取专项监测、异地抽检、风险隐患排查等方式，2023年全年累计抽检8 710批次生鲜乳样品。二是大力推进监管信息化、精准化，全面推行使用"饲料及生鲜乳质量安全监管系统"，将全国4 209个生鲜乳收购站和3 973辆运输车，全部纳入监管监测信息系统，实时掌握奶站和运输车的运行变化情况；全面推广"生鲜乳收购站和运输车电子交接单"的应用，进一步提高监管工作效率和信息化水平。三是加强乳制品质量安全监督抽检，2023年生鲜乳、乳制品抽检合格率分别达到100%和99.87%，依法监督企业下架召回不合格产品，督促企业查找不合格原因并进行整改，对违法违规行为进行严肃处理。四是持续强化进口监管，对口岸查验不合格的进口乳制品均做退运或销毁处理。

（三）全过程严格监管婴幼儿配方乳粉

一是源头严格控制。继续落实"确保婴幼儿配方乳粉奶源安全六项措施"，从奶源基地建设、饲草料供应、奶源质量安全抽检、生鲜乳收购站和运输车监管、关键技术推广、政策扶持六方面确保婴幼儿配方乳粉奶源安全。二是严格配方注册和生产准入。严格配方科学性、安全性审查，稳妥推进婴幼儿配方产品按新国标注册工作。三是强化监督抽检。组织开展婴幼儿配方乳粉"月月抽检"。每月对已获婴幼儿配方乳粉配方注册且在产、在售的国产和进口婴幼儿配方乳粉生产企业进行抽检。开展乳制品监督抽检，重点加大对既往不合格检验项目和不合格食品企业的抽检力度。四是加大处罚力度。对监督抽检发现的不合格产品及其企业，立即责令企业下架召回、停产整改。

（四）不断提高奶牛养殖竞争力

稳步落实《"十四五"奶业竞争力提升行动方案》，积极协调增加中央财政补贴资金，继续实施奶业生产能力提升整县推进项目，支持奶牛养殖大县开展智慧牧场建设，提高草畜配套水平，发展养加一体化试点。实施奶业新型经营主体培育项目，支持1 356个奶牛家庭牧场和奶农合作社升级改造。加强奶牛良种繁育体系建设，推进落实奶牛遗传改良计划，继续实施优质奶牛种公牛培育技术应用示范项目。持续开展奶牛生产性能测定工作，对194.5万头奶牛开展生产性能测定，推动提高饲养管理和育种水平。继续实施粮改饲和振兴奶业苜蓿发展行动，开展苜蓿青贮饲喂推广和粗饲料本地化开发利用，提升奶牛生产效率，降低饲喂成本。截至2023年，累计支持优质商品苜蓿基地建设面积超过827万亩。

（五）推动乳制品加工做优做强

引导企业积极研发乳制品生产新工艺、新技术，因地制宜发展适合不同消费者需求的特色乳制品和功能性产品，发展奶酪等符合消费趋势的干乳制品，提升产品价值链。引导乳品企业与奶源基地布局匹配、生产协调，提升产业链一体化水平。督促企业定期开展自查，实施从配方研发、原料查验、生产管控、出厂检验到销售的全过程管控，切实防控食品安全风险隐患。鼓励企业全面实施良好生产规范、危害分析与关键控制点体系等生产质量管理体系。

（六）提升奶业消费宣传

召开中国奶业 20 强（D20）峰会，展示 D20 企业的品牌建设成就，展望中国奶业发展前景。举办 2023 中国奶酪发展高峰论坛，科普奶酪知识。中国奶业协会制定发布《中国乳制品消费扩容提质指导意见》，组织开展了内容丰富、形式多样的消费宣传活动，拉动国产乳制品消费。

专栏四

多措并举 大力推广"学生饮用奶计划"

2023年12月6日，中国奶业协会在海口举办国家"学生饮用奶计划"工作会，会上发布了《国家"学生饮用奶计划"推广公报（2023）》（简称"公报"）。

公报显示，学生饮用奶供应水平再创新高。全国学生饮用奶在校日均供应量从2001年的50万份，增长到2022年的2 775万份，其中结合营养改善计划供应占比46%，自主征订供应占比54%，惠及3 210万名学生，覆盖全国31个省、自治区、直辖市的10万多所学校。学生饮用奶覆盖学生人数超过100万名的省区达到10个，依次是河北、广东、河南、山东、湖北、云南、广西、四川、江苏和湖南。

五、2024 年中国奶业质量安全工作重点

2024年是深入贯彻落实党的二十大精神的关键之年，亟须凝聚合力，抢抓机遇，扎实落实国办奶业振兴意见，继续实施《"十四五"奶业竞争力提升行动》，精准解决奶业发展中的实际问题，有效纾解奶业市场困难，合力推动奶业高质量发展。

（一）加强优质奶源基地建设

继续实施奶业生产能力提升整县推进项目，支持奶业大县整县推进草畜配套，促进青贮玉米、苜蓿、燕麦等优质饲草料种植和奶牛养殖就地就近配套衔接，推进南方草山草坡饲草资源开发利用，保障饲草料供应；支持家庭牧场、奶农合作社等经营主体开展"智慧牧场"建设，对圈舍、防疫、奶厅、饲料制备、挤奶及运输等奶牛养殖关键环节设施设备升级改造。继续实施振兴奶业苜蓿发展行动，提高优质饲草料供应能力。

（二）严格乳品质量安全监管

加强乳品质量安全监管能力建设，提升基层监管水平。继续实施生鲜乳质量安全监测计划，全面推行生鲜乳收购站和运输车电子交接单制度，继续推进《生鲜乳收购许可证》《生鲜乳准运证明》在线出证，探索生鲜乳第三方检测机构建设。完善监管监测信息系统，全面推行使用"饲料及生鲜乳质量安全监管系统"，安排专人负责辖区内生鲜乳收购站和运输车信息核查上报工作，准确掌握生鲜乳收购站、运输车和婴幼儿配方乳粉奶源基地变动情况，及时备案跨省运营的生鲜乳运输车。

（三）推动乳制品加工业发展

加快研究优化产业政策，落实落细稳定可控奶源标准，推动养殖端向加工延伸，促进一二三产业融合发展，提高奶业竞争力。加快制修订液态奶国家标准，发挥国产奶源鲜活特性。坚持守正创新，在保障乳品质量安全和稳产保供的前提下，加强政策引导和项目支持，引导加工企业加大新产品研发力度，生产适合不同消费群体的乳制品；鼓励企业开展奶酪加工等技术攻关，加快奶酪生产工艺和设备升级改造，提高国产奶酪产出率和乳清、蛋白浓缩物等奶酪副产品加工利用水平，研发适合中国消费者口味的奶酪产品。

（四）加强婴幼儿配方乳粉监管

持续强化婴幼儿配方乳粉产品配方注册管理，保障配方的科学性、安全性。继续加大监管力度，开展婴幼儿配方乳粉奶源质量安全监测，实施"月月抽检"制度，确保婴幼儿配方乳粉奶源安全六项措施落实到位，对不合格产品及时公布，督促婴幼儿配方乳粉生产企业切实落实食品安全主体责任。倡导企业以生鲜乳为原料生产婴幼儿配方乳粉，支持企业扩大自有奶源比例，提升婴幼儿配方乳粉生产企业的奶源供给和质量安全控制能力。继续推进婴幼儿配方乳粉质量安全追溯体系建设试点，进一步扩大覆盖企业范围。

（五）加强奶业宣传引导

加大奶业科普宣传力度，利用全民营养周等活动，协调人民日报、央视、抖音、快手等媒体平台，通过刊发主题文章，发布公益广告、短视频等形式，向大众普及科学选奶、健康饮奶知识，培育多样化、本土化的消费习惯，突出宣传奶制品鲜活特性，拉动国产乳制品消费。支持"学生饮用奶"宣传推广，培育扩大乳制品消费群体，引领扩大乳制品消费。创新 D20 论坛召开形式，推进 D20 企业间的大联合、大协作，合力打造中国奶业大品牌。支持奶牛休闲观光牧场发展，鼓励消费者走进奶牛养殖场和乳品加工厂，切身体验国产乳品安全生产的全过程，提升消费信心。

专栏五

拼搏进取的中国奶业 D20

中国 D20 企业联盟简介

D20 是指中国奶业 20 强企业，D 是 Dairy（奶业）的首字母。2015年8月，中国奶业协会根据企业品质和口碑、品牌影响力、奶源基地建设、自建牧场奶牛存栏、生鲜乳收购量、乳制品销售额等指标，在全国 600 多家乳品企业中评选出综合排名前 20 位的企业，并予以公告，每三年进行一次调整。2018年8月，第二届中国奶业 D20 企业完成换届，创新增设 5 家观察员企业，形成了"D20+5"新格局。2022年4月，第三届中国奶业 D20 企业完成换届，增加 15 家观察员企业。升级后的"D20+20"，养殖企业占比显著提升，D20 企业整体实力和引领力进一步增强。

在中国奶业协会推动下，成立了中国 D20 企业联盟，联盟秘书处设在中国奶业协会，负责中国 D20 企业联盟日常工作和 D20 峰会（根据规定，自 2024 年起，"D20 峰会"更名为"D20 论坛"）的组织工作。2015年8月18日，在北京钓鱼台国宾馆召开首届峰会，时任国务院副总理汪洋同志出席峰会并致辞。2016—2023 年先后在河北石家庄、黑龙江齐齐哈尔、内蒙古呼伦贝尔、上海、河北石家庄、安徽合肥、山东济南、重庆召开第二届至第九届峰会，农业农村部、工业和信息化部、海关总署、国家市场监督管理总局等部门相关负责人出席峰会。2023年7月19—21日，第十四届中国奶业大会暨 2023 年中国奶业 20 强（D20）峰会在重庆召开，农业农村部副部长马有祥出席开幕式并讲话。

D20 企业奶源质量优良

2023 年，农业农村部抽检 D20 企业的生鲜乳样品 4 747 批次，占全国抽检总量的 54.5%，抽检合格率 100%。检测结果显示，D20 企业奶源质量良好，优于全国平均水平。

D20 企业名单

内蒙古伊利实业集团股份有限公司	内蒙古蒙牛乳业（集团）股份有限公司
光明乳业股份有限公司	君乐宝乳业集团有限公司
黑龙江飞鹤乳业有限公司	现代牧业（集团）有限公司
北京三元食品股份有限公司	新希望乳业股份有限公司
内蒙古圣牧高科牧业有限公司	北大荒完达山乳业股份有限公司
中地乳业集团有限公司	西安银桥乳业（集团）有限公司
南京卫岗乳业有限公司	济南佳宝乳业有限公司
中垦乳业股份有限公司	河南花花牛乳业集团股份有限公司
新疆天润乳业股份有限公司	贝因美股份有限公司
福建长富乳品有限公司	广东燕塘乳业股份有限公司

观察员企业名单

内蒙古优然牧业有限责任公司	辽宁越秀辉山控股股份有限公司
山东得益乳业股份有限公司	皇氏集团股份有限公司
新疆西域春乳业有限责任公司	天津嘉立荷牧业集团有限公司
澳优乳业（中国）有限公司	北京首农畜牧发展有限公司
河北乐源牧业有限公司	宁夏农垦贺兰山奶业有限公司
原生态牧业有限公司	认养一头牛控股集团股份有限公司
上海妙可蓝多食品科技股份有限公司	山西古城乳业集团有限公司
甘肃前进牧业科技有限责任公司	浙江一鸣食品股份有限公司
云南欧亚乳业有限公司	江西阳光乳业集团有限公司
黑龙江宜品乳业集团有限公司	深圳市晨光乳业有限公司

附录　相关标准释义

相关标准释义

2023年2月22日，国家卫生健康委、市场监督管理总局发布的《食品安全国家标准 婴儿配方食品》（GB 10765—2021）、《食品安全国家标准 较大婴儿配方食品》（GB 10766—2021）和《食品安全国家标准 幼儿配方食品》（GB 10767—2021）3项标准（以下简称新国标）正式实施。

婴儿配方食品的定义

《食品安全国家标准 婴儿配方食品》（GB 10765—2021）中明确规定，婴儿配方食品是指适用于正常婴儿食用，其能量和营养成分能满足0～6月龄婴儿正常营养需要的配方食品。

较大婴儿配方食品的定义

《食品安全国家标准 较大婴儿配方食品》（GB 10766—2021）中明确规定，较大婴儿配方食品是指适用于正常较大婴儿食用，其能量和营养成分能满足6～12月龄较大婴儿正常营养需要的配方食品。

幼儿配方食品的定义

《食品安全国家标准 幼儿配方食品》（GB 10767—2021）中明确规定，幼儿配方食品是指以乳类及乳蛋白和（或）大豆及大豆蛋白制品为主要蛋白来源，加入适量的维生素、矿物质和（或）其他原料，仅用物理方法生产加工制成的产品。适用于幼儿食用，其能量和营养成分能满足12～36月龄正常幼儿的部分营养需要。

2024年2月8日，国家卫生健康委、市场监督管理总局关于发布《食品安全国家标准 食品添加剂使用标准》（GB 2760—2024）等47项食品安全国家标准和6项修改单的公告（2024年第1号），《食品安全国家标准 乳粉和调制乳粉》（GB 19644—2024）将于2025年2月8日正式实施。

乳粉的定义

《食品安全国家标准 乳粉和调制乳粉》（GB 19644—2024）中明确规定，乳粉是指以单一品种的生乳为原料，经加工制成的分装产品。

调制乳粉的定义

《食品安全国家标准 乳粉和调制乳粉》（GB 19644—2024）中明确规定，调制乳粉是指以单一品种的生乳和（或）其全乳（或脱脂及部分脱脂）加工制品为主要原料，添加其他原料（不包括其他品种的全乳、脱脂及部分脱脂乳）、食品添加剂、营养强化剂中的一种或多种，经加工制成的粉状产品，其中来自主要原料的乳固体含量不低于70%。